Siggi Sawall

AF175709

Zwischen Amazonas und Titicacasee

Bibliografische Information der Deutschen Nationalbibliothek:
Die Deutsche Nationalbibliothek verzeichnet diese Publikation in
der Deutschen Nationalbibliografie; detaillierte bibliografische Daten
sind im Internet über http://dnb.d-nb.de abrufbar.

Lektorat, Redaktion: Peter Fichte
Layout, Covergestaltung: Véronique Griechen

Herstellung und Verlag: BoD - Books on Demand, Norderstedt

ISBN: 978-3-7519-7986-3

Zwischen Amazonas und Titicacasee

Inhaltsverzeichnis

Vorwort 9

Rio de Janeiro 10

Karneval unter dem Zuckerhut 13

Wer hätte je an eine Corona-Pandemie gedacht? 14

Von Salvador da Bahia ins Amazonasgebiet 16

Kreuz und quer durch das Amazonasgebiet 19

Und immer wieder geht die Sonne auf 23

Nachtexkursion am „Lago Ipixuna" 24

Manaus – die Millionenstadt am Amazonas 34

Ein Naturschauspiel der besonderen Art 40

Die „Apotheke" aus dem Regenwald ist in Gefahr 42

Auf dem Weg nach Südkolumbien 44

Exkursion im Regenwald 45

Leticia – Geheimnis eines Dschungels 54

Melodie des Regenwalds 56

Der „Coco" vom Amazonas in Wuppertal 57

Iquitos am nächsten Morgen 59

Rückflug 61

Zwischen Machu Picchu / Cusco und Titicaca-See 64

Spuckbier? 66

Abenteuerliche Zugfahrt von Cusco

nach Machu Picchu 68

Busfahrt zum Titicacasee 76

Peru ist das Land der Kartoffel 83

Lamas, die spuckenden Vierbeiner 85

Titicacasee – der höchstgelegene See der Erde 86

Schwimmende Inseln und Boote aus Totora-Schilf 87

Party an Bord der MS World Dicoverer

Vorwort

Der erste Teil umfasst Rio de Janeiro und Salvador da Bahia, bevor eine abenteuerliche Schiffsreise mit Expeditionscharakter auf dem Amazonas durch ein Mosaik von Flüssen bis hin zum Fuße der Anden beginnt.

In Brasilien besteht seit Urzeiten der größte Urwald der Welt, der riesige Amazonas-Regenwald.

Er gilt als die „grüne Lunge" im Ökosystem der Erde. Der Regenwald ist die Heimat vieler Pflanzen- und Tierarten und hat unvorstellbare Dimensionen.

Das Amazonasgebiet ist so groß wie ganz Westeuropa.

Peru ist das Kernland der Inkas.

Der zweite Teil wird mit Cusco und Machu Picchu der kulturelle Bereich der Inkas dargestellt.

Auf einer Höhe von fast 4.000 Meter liegt der höchstgelegene See der Welt, der Titicacasee.

Hier lebt der Stamm der Urus. Sie bauten auch die „Schwimmenden Inseln" aus Schilf. Warum, ist hochinteressant!

Die Ureinwohner Südamerikas sind die Indianer, die im Laufe der geschichtlichen Entwicklung vor allem in das Amazonasgebiet – gedrängt wurden, nachdem die Europäer kamen.

In Südamerika entwickelte sich eine eigenständige Kultur, insbesondere in der Musikszene.

Rio de Janeiro

Die Landung in Rio de Janeiro bei aufgehender Sonne am frühen Morgen ist nach der stürmischen, stockdunklen Nacht wie eine innere Befreiung.

Unverkennbar der Zuckerhut und die Jesus-Statue „Cristo Redentor" auf dem Berg Corcovado mit weit ausgebreiteten Armen, als wolle er uns herzlich willkommen heißen.

Hügel und Berge, das Meer und der weiße Sandstrand der Copacabana.
Ein Häusermeer.

Der Name „Rio de Janeiro" kommt aus dem Portugiesischen und bedeutet „Januar-Fluss".

Von Müdigkeit keine Spur, geht es sofort auf Stadttour.

Der Berühmteste der Berge und Hügel ist zweifelsohne der Zuckerhut, der an einen Hut erinnert.

Im Gesamtbild mit einem höheren Berg das Heiligen-Denkmal, wie die Höcker von Kamelen.

Mein erstes Ziel ist der 396 Meter hohe Zuckerhut.
Jahrzehntelang diente er den Seeleuten als Orientierungspunkt.

Atemberaubend ist die lautlose Auffahrt mit der Seilbahn-Gondel und der Blick auf die Stadt.

Es scheint, als liege sie dem Zuckerhut zu Füßen.

Dazu die Sicht auf die halbmondförmige Copacabana und das blau-grünlich schimmernde Meer.

Spektakulär ist der Blick vom 710 Meter hohen Berg „Corcovado" mit der 38 Meter hohen, riesengroßen Christusstatue.

Christus streckt zu beiden Seiten die Arme aus, als wolle er alle Besucher in die Arme nehmen und ihnen Hoffnung geben.

Hier einige Maße zur Christusstatue:
Allein der Kopf wiegt 30 Tonnen, sein Umfang beträgt 3,75 Meter.
Jede Hand misst 3,20 Meter.
Die ganze Christus-Statue ist so groß wie ein 12-Etagenhaus, für Besucher aber im Inneren nicht zugänglich. Der Zugang ist nur für Handwerker vorgesehen, wenn Reparaturarbeiten, z.B. nach einem Blitzeinschlag, erforderlich sind.

Der Blick von hier oben zeigt aber auch Bilder, die ein anderes Rio zeigen.
An den steilen Berghängen liegen „Behausungen", besser gesagt: „Hütten", der armen Menschen.
Man nennt diese Wohnsiedlungen „Favelas". Sie wirken wie aneinander geklebt.

Die meisten Bewohner der Favelas kommen vom Land.

Sie glauben, in der Stadt schneller Arbeit zu finden – ein Problem weltweit.

Die Menschen siedeln sich hier an, weil sie in der Stadt die Mieten nicht bezahlen können.

Man „beschafft" sich das, was man zum Leben benötigt.
Das heißt nicht, dass alle Bewohner der Favelas kriminell wären.

In Rio sollen etwa 300 Favelas bestehen, in denen mehrere hunderttausend Bewohner leben.
Man hat sich an die Bilder gewöhnt.

Von offizieller Seite versucht man, die Existenz von Favelas werbewirksam einzusetzen.
Werbeprospekte werben sogar für Ausflüge dorthin.

Andererseits besteht eine gewisse Angst, überfallen zu werden (besonders in der Geschäftswelt).

Offiziell spricht man von „Todesschwadronen":
Banden und Gangster, die rigoros mit Stich- und Schusswaffen vorgehen.

Auch „Kinderbanden", die ihre körperliche Unterlegenheit mit noch größerer Rücksichtslosigkeit ausgleichen.

Andererseits kommen aus den Favelas viele Ideen und Talente, ob im Fußball oder im kreativen Bereich, z.B. beim Auftreten von Sambagruppen.

Fußball-Talente, die den brasilianischen Fußball geprägt haben, wo Fußball zum Teil „getanzt" wurde.

Ein Mythos vergangener Zeit ist das 220.000 Zuschauer fassende *Maracanã-Stadion, das der Autor besucht hat.*
Vom Geschehen weit entfernt ist man auf den oberen Rängen.

Inzwischen ist das Maracanã-Stadion aus Sicherheitsgründen auf 76.000 Zuschauer reduziert worden, und zwar zu einer Zeit, als noch niemand an eine „Corona-Epidemie" dachte.

Karneval unter dem Zuckerhut

„Heiße" Tage und Musik, Musik, Musik – Sambarhythmen.

Stundenlange Tänze auf dem heißen Pflaster.
Millionen Menschen, die sich im Tanzschritt bewegen, scheinbar ohne Ermüdungserscheinungen, Tag und Nacht.

Karnevalsgesänge, die extra zu jedem Karneval neu komponiert werden.
Melodien, die man von morgens bis in die Nacht hört.
Melodien, die einen ständig begleiten.

Musik und Gesänge aus Lautsprechern, die die Menschen immer wieder aufputschen.

Stundenlang stampfen die Karnevalisten auf dem heißen Pflaster. Schwingende Körper, gebeugte Knie, wippende Fußsohlen. Jeder ist sein eigener „Interpret".

Farbenprächtige, phantasievolle Kostüme. Einmal im Leben das verkörpern, was man im Alltag gerne wäre. Karneval ist wie eine Medizin; Musik ist wie ein Sog, der die Tanzenden immer weiter zieht.

Wer nun glaubt, am Aschermittwoch sei alles vorbei, der irrt.

Auf der „Avenida Presidente Vargas" tanzende Sambagruppen mit bis zu 6.000 Tänzerinnen und Tänzern.

Wer hätte je an eine Corona-Pandemie gedacht?

Nach den USA und Indien verzeichnet Brasilien mit über 4,5 Millionen Corona-Erkrankten über 140.000 Corona-Tote (Stand: August 2020).

Kaum ist der Karneval vorbei, da juckt es bereits in den Seelen der Menschen in Rio oder anderswo, die Vorbereitungen für den nächsten Karnevalstermin zu beginnen.
In den Sambaschulen werden Lieder entworfen, Kostüme je nach Thema zu kreiert, usw.

Doch die Corona-Pandemie verhindert dies 2020 in der Karnevals-hochburg Rio de Janeiro.
Die Sambaschulen sind wie gelähmt.

Aber 100.000 Corona-Infizierte und mehr als 10.000 Corona-Tote allein in Rio sprechen für sich.
Aus großer Vorfreude ist große Besorgnis geworden.

In den Sambaschulen probt man keine neuen Tanzschritte.

Ein vorzügliches „Trainingsgelände" wäre auch die Copacabana gewesen.

Aber die Copacabana als „Mehrzweck-Bühne" bleibt sicherlich bestehen.
Hübsche Mädchen und enge Bikinis, die mehr zeigen, als sie verbergen können.
Aber Stoff tragen sie alle ...

Adiós Rio!

Von Salvador da Bahia ins Amazonasgebiet

Die „afro-brasilianische Stadt" Salvador da Bahia wird auch als „schwärzeste Stadt Brasiliens" bezeichnet.

Die Vorfahren der Bewohner wurden einst als billige Arbeitskräfte (Sklaven) aus Westafrika „importiert" und auf Zuckerrohr-Plantagen eingesetzt.

In Salvador da Bahia lebt die Seele Afrikas.
Ausdruck ist die afrikanische Kultur.
Es entstand ein neuer Musikstil, der die brasilianische Musik beeinflusst hat.

Salvador da Bahia ist eine Art „Terrassen-Stadt", die aus einer Unter- und einer Oberstadt besteht.

Im unteren Stadtteil befindet sich der Geschäftsbereich.
Banken sowie Märkte mit eindrucksvoll klingenden Namen wie „Água de Meninos".
Hier geht es lautstark zu, vor allem beim Verkauf von Affen; ein reines „Affentheater".

Eindrucksvoll klingen auch die Namen dreier bedeutender Kirchen: „Basilica Nosso Senhor do Bonfim", „Igreja de São Francisco" und „Basílica de Nossa Senhora da Conceição da Praia".

Um in die Oberstadt zu gelangen, kann man drei Aufzüge nutzen. Hier befinden sich die Altstadt und das historische Viertel „Pelourinho".

Aber was heißt „Altstadt"?
Die ganze Stadt ist geprägt vom alten Baustil und den Menschen.

Mit Hilfe der UNESCO wurde Salvador da Bahia zum Weltkulturerbe erklärt und mit Geldern der UNESCO renoviert.

Vorher war die Oberstadt ein einziger Bauplatz.
Aufgerissene Straßen, ein Labyrinth von Gassen in schiefer Lage, baufällige Häuser.

Doch die Menschen, ob alt oder jung, lebten auch bei den Bauarbeiten nach ihrer Mentalität.
Alte Frauen und Männer, die bei aufgerissenen Straßen vor ihren Häusern saßen und genüsslich an ihrer Zigarre zogen.
Auf den Balkonen Wäscheleinen und gackernde Hühner.
Ein Bild, das heute kaum anders ist.

Heute ist die etwa drei Millionen Einwohner zählende Stadt eine gepflegte Metropole.
Straßen und Gassen voller Menschen, besonders am Abend, wenn die Lichter und Funzeln für eine stimmungsvolle Atmosphäre sorgen.
Aus den renovierten Häusern dringt lautstark Samba-Musik.
Junge Mädchen, die ihren knackigen Popo wackeln lassen.

Der Popo gehört zum Schönheitsideal, ihr graziler Gazellengang imponiert – einfach ein „Hingucker".

Auf den Bürgersteigen und Plätzen stehen Tische und Stühle.
Man trinkt Bier und Limonade, raucht Zigarren.

Die Menschen mögen wenig haben, aber sie schätzen ihren lockeren Lebensstil.
Lebensqualität, die hier einen ganz besonderen Stellenwert hat.
Man kann auch mit „wenig" durchaus glücklich sein!

Entspannen kann man sich an einem der 15 Strände von Salvador.
In ganz Brasilien soll es 22.000 Strandkilometer geben.

Dimensionen, die für uns unvorstellbar sind.
Die Provinz „Bahia" ist flächenmäßig etwas größer als Frankreich.
Brasilien ist das fünftgrößte Land der Erde.

Von Salvador da Bahia geht es mit dem Schiff nach Belém, dem Eingangstor zum Amazonas.

Kreuz und quer durch
das Amazonasgebiet

Das Amazonasgebiet ist ein Gebiet unvorstellbarer Dimensionen. Etwa so groß wie Westeuropa, zwölfmal so groß wie Frankreich.

Belém ist das Eingangstor zum Amazonas.
Man glaubt noch auf dem Meer zu sein und befindet sich bereits im Mündungsgebiet des Amazonas.
Es hat eine Breite von 320 Kilometer, zehnmal so breit wie der Ärmelkanal.

Im Mündungsgebiet befindet sich eine Insel, die zehnmal so groß wie die Schweiz ist.

Es folgt ein Mosaik von Flüssen und sogenannten Kanälen, die sich über 6.000 Kilometer bis zur Südspitze Kolumbiens und den peruanischen Anden erstrecken.

Die Schiffsreise bis zum Fuße der Anden erfolgt stromaufwärts mit einer Art Expeditionsschiff.
Bei einem Tiefgang von nur 4,45 Meter ist die Fahrt über Manaus hinweg bis zu den Anden möglich.
Bis Manaus können auch große Schiffe fahren.

Im Amazonasgebiet reist man nicht auf Straßen, sondern auf Wasserstraßen.

Der Amazonas hat 1.100 Nebenflüsse, von denen 17 größer und wasserreicher als „Vater Rhein" sind.
In vielen Teilen gleicht das Amazonasbecken einer Seenlandschaft.

Wasser im Übermaß.
Wenn man von hier aus eine Pipeline nach Afrika legen könnte ...

Die Quelle, die den Amazonas speisen, liegen in den Anden.

Der Amazonas führt mehr Wasser, als alle Flüsse Europas zusammen.
Selbst bei Trockenheit führt er 60-mal so viel Wasser wie der Mississippi.

Etwa 60 Prozent von Brasilien ist von tropischem Regenwald bedeckt.
Er ist der größte Regenwald der Erde.
Im Regenwald leben mehr als 1.800 verschiedene Vogelarten, 250 Tierarten und etwa 10.000 unterschiedliche Baumarten.

Unser Schiff, die „World Discoverer" („Weltentdecker") ist ein kleines Schiff mit Expeditions-Charakter.

Es ist, als gleite das Schiff durch ein Gewächshaus der Natur - eine Idylle von Regenwald und Wasser.

Wegen der unterschiedlichen Wassertiefen wechselt das Schiff des Öfteren von der Backbord- zur Steuerbordseite, und umgekehrt.

Die tiefste Stelle liegt nicht in der Mitte des Amazonas, sondern wechselseitig rechts und links am Ufer. Das hängt mit der starken Strömung zusammen, die den Strom an bestimmten Stellen versanden lässt.
Deshalb sind die Flusskarten meist nicht auf dem neuesten Stand.

Mit an Bord sind einheimische Lotsen, die mit ihrer Erfahrung trotz der Technik sehr hilfreich sind.
Der Lotse an Bord ist genauso wichtig wie der Kapitän.

Vereinzelt halten wir uns auf der Kapitänsbrücke auf.

Ab und zu wird die Idylle durch Hupsignale unterbrochen, um die Urwaldbewohner zu begrüßen, die uns in schwarzen Kanus entgegenkommen.
Einbäume wie „Pfeile", die direkt auf unser Schiff zusteuern.
Hupsignale als Warnung.

Frauen und Kinder, die am Ufer stehen und winken.

Wellen, die durch unser Schiff entstehen, nutzen sie, um in ihren Booten auf ihnen zu schaukeln.
Anschließend kehren sie ans Ufer zurück, in ihre mögliche „Einsamkeit", die Welt der Fische, Waldtiere und Pflanzen.

Es dauert nicht lange, da finden sich die ersten „Gäste" aus dem Regenwald an Deck unseres Schiffes ein: drei Zentimeter lange Insekten, die bräunlich glänzen.

Plötzlich „ruckelt" das Schiff. Die World Discoverer ist auf eine Sandbank gefahren.
Aus eigener Kraft „rubbelt" sich das Schiff wieder frei.

Es ist feucht-heiß, die Luftfeuchtigkeit beträgt 95 Prozent.
Nicht nur wir schwitzen, sondern auch der Regenwald.

Treibholz und ganze Baumstämme kommen unserem Schiff entgegen.
Sie stellen besonders nachts eine Gefahr dar.
So manches Mal prallt während der Nacht ein Baumstamm auf den Schiffsrumpf. Ein starker „Bums", der das Schiff erschüttert.

Auf der Steuerbordseite schwimmt ein 200 Meter langes, gebündeltes Holzfloß voller Baumstämme an uns vorbei.

Mittagszeit.

Ein merkwürdiges Gefühl, im Schiffsrestaurant zu sitzen und Menschen am Ufer zu sehen, die um ihr tägliches Leben kämpfen müssen.

Vom „Krähennest", einer Art Turm am höchstzugänglichen Punkt des Vormasts des Schiffes, schauen wir in die Ferne und erleben von hier oben farbig schillernde Sonnenuntergänge.
Der Sonnenball „hüpft" von Baumkrone zu Baumkrone, bis er schließlich hinter dem Regenwald in die Dunkelheit eintaucht.
Farbenspiele auf dem Amazonas.

Und immer wieder geht die Sonne auf

Exkursion mit „Mo" und einem englischen Experten, einem hage-ren, verwegen aussehenden Typ mit zotteligem Haar. Ich nenne ihn „Mr. Scott".

„Mo" ist ein Indianer, dessen Heimat 500 Kilometer entfernt im Regenwald liegt.
Eigentlich heißt er Moacir Fortes, wird aber kurz nur „Mo" genannt.

Er zitiert aus seinem grünen Buch „Märchen aus dem Amazonasgebiet".
Wörtlich: „Haben Sie keine Angst vor der am Amazonas bis zu
10 Meter langen Schlange „Anakonda", denn die frisst sowieso nur alle zwei Monate."
Ganz beiläufig erklärt er – trotz der Schwimmwesten, die wir auf Exkursion tragen müssen – dass niemand in Panik verfallen dürfe, sollte einer ins Wasser fallen.
Mr. Scott weist uns ebenfalls darauf hin, auf den Exkursionen Schwimmwesten sowie festes Schuhwerk oder Gummistiefel zu tragen.
Wörtlich: „Solle jemand ins Wasser fallen, versuchen Sie keines-wegs gegen den Strom zu schwimmen, sondern harren Sie aus, bis der nächste Baumstamm kommt. Greifen Sie nach ihm, und genießen Sie den Zwangsaufenthalt im herrlich warmen Wasser des Amazonas."

Wir sind mit Zodiacs unterwegs.

Robuste Gummiboote, die aus mehreren Luftkammern bestehen.

Sollte eine Luftkammer defekt und wasserdurchlässig sein, sinkt nicht gleich das ganze Zodiac.

Es besteht aus mehreren selbständigen Luftkammern.

Exkursion am Morgen, um 06.00 Uhr.

Die Sonne brennt bereits, und wir befinden uns in einem ganz schmalen Seitenarm des Amazonas.

An den Stämmen der Bäume befinden sich „Ringe". Sie zeigen, wie hoch das Wasser gestanden hat, als die Schneeschmelze in den Anden stattfand.

Fischer, die im Regenwald angeln.

Da kommt die Frage auf, ob der Amazonas im Regenwald oder der Regenwald im Amazonas steht.

Nachtexkursion am „Lago Ipixuna"

Zodiacs, die bei Dunkelheit auf dem Amazonas im Licht der Scheinwerfer ins Wasser gelassen werden.

Es riecht wie in einer Desinfektionsanstalt, als wir auf dem Amazonas die Zodiacs besteigen.

Teilnehmer, die sich gegen Moskitos und andere Insekten „vollgesprüht" haben.

Die Gefahr, zu erkranken, ist nicht zu unterschätzen.

Kaum haben wir einen Seitenarm des Amazonas, der zum See „Lago Ipixuna" führt, passiert, gibt es in einem Zodiac schon eine undichte Stelle. Ein wenig Wasser dringt durch eine der Luftkammern.
Etwa 20 bis 30 Zentimeter lange Fische springen in das defekte Boot, und zwar immer dann, wenn die Scheinwerfer aufleuchten.

Wie Geschosse rasen sie durchs Wasser im Zodiac.
Frauen, die vor Angst ihre Beine hochziehen: „Huch, schon wieder ein Fisch!"

Ein Umsteigen in ein anderes Zodiac ist aus Sicherheitsgründen nicht möglich.
Noch setzen wir die Exkursion am Ufer des Sees aus.

Scheinwerfer an, Scheinwerfer aus.

Krokodilsaugen, die bei Scheinwerferlicht leuchten und nur wenige Zentimeter über der Wasseroberfläche auf der Lauer liegen.

Die Exkursion wird abgebrochen, zurück zum Mutterschiff auf dem Amazonas.
Hier werden wir mit einer kräftigen Erbsensuppe begrüßt.

Am nächsten Tag ist Ruhe und Entspannung angesagt.

Am Abend ein Mosaik aus Farben am Himmel.
Sonnenuntergänge sind immer wieder anders.

Die Farben des Himmels spiegeln sich auf dem Wasser des Amazonas wider.

Bilder, die man nur selbst erleben, aber kaum erklären kann.

Talkshow mit Kapitän Raimund Krüger, moderiert von einem vor Jahrzehnten bekannten Moderator von Radio Luxemburg:

Gefragt, wie lange er als Kapitän von seiner Gattin, die ebenfalls auf dem Schiff war, von zuhause getrennt war, sprach er von etwa 60 Prozent.

Was passiert, wenn das Hupsignal „Mann über Bord" ertönt?

Die World Discoverer habe als kleineres Schiff nur einen Bremsweg von etwa 200 Meter, bis das Schiff zum Stillstand kommt. Anders Öltanker, die einen Bremsweg von 10 – 12 Kilometer haben.

Und wenn das Hupsignal „Feuer an Bord" ertönt – ein Signal, das jeden Tiefschläfer weckt?

Vom Autor selbst erlebt auf einem anderen Schiff vor der Westküste Afrikas, als im Maschinenraum um 03.40 Uhr ein Feuer ausbrach. „SOS" wurde gefunkt, umliegende Schiffe nahmen Kurs auf das Kreuzfahrtschiff. Gott sei Dank, dass das Feuer an Bord selbst gelöscht werden konnte. Diszipliniert die Passagiere an Bord, die sich mit ihren angezogenen Schwimmwesten an den für die vorgesehenen, nummerierten Rettungsbooten einfinden. Hier mussten die Passagiere bis weit am Nachmittag in Reih und Glied ausharren. Durch die Lüftungsgitter zog der Rauch teilweise über die Decks in die Kabinen.

Das nebenbei erwähnt.

Wir befinden uns auf einem Nebenfluss des Amazonas, dem Rio Tapajós, der eine Breite von 11 Kilometer hat (wohlgemerkt, auf einem „Nebenfluss").

Am Rio Tapajós wunderschöne Sandstrände.
„Sandzungen", die in den Tapajós reichen.
Sanfte Wellen, die weich an die „Zungenspitze" rollen, sie leise umspülen.

Ein Bad im Rio Tapajós wird nicht empfohlen, weil es dort einen dünnen, meist drei bis vier Zentimeter langen Fisch mit dem Namen „Candirú" gibt, der unbefugt in die Vaginas von Frauen schlüpft und sich in die Penisse von Männern einschleicht. Hier setzt er sich mit einem Widerhaken fest.
Ein Grund für uns, nur bis zu den Knien ins Wasser zu gehen.

Am Abend gibt es auf dem Schiff ein kaltes Buffet.
Ein Herr vor uns in der Reihe packt sich den Teller turmhoch voll.
„Nehmen Sie sich doch gleich zwei Suppenteller", kommentiert eine Mitreisende.

Wir verlassen den Rio Tapajós und befinden uns auf dem Weg nach Manaus.
Soweit das Auge reicht: Wald, Wald, Wald – Regenwald.

Der Regenwald ist bereits Millionen Jahre alt.
In Europa ist Wald erst vor 11.000 Jahren, und zwar nach der letzten Eiszeit, entstanden.

Oben: Blick vom Corcovado auf den Zuckerhut
Unten: Von der Mittelstation geht es mit der Seilbahn auf den Zuckerhut

Oben: Leichtbekleidete Sambatänzer beim Karneval
Unten: Karneval an der Copacabana

Oben: Blick auf Salvador da Bahia
Unten: Traumhafte Strände am Amazonas

Oben: Einheimische begrüßen uns freundlich am Amazonasstrand
Unten: Indios in einem traditionellem Boot

Oben: Armdicke Baumwurzeln
Unten: Auf Erkundungsfahrt in einem Nebenarm des Amazonas

Oben: Sonnenuntergang im Anazonasgebiet
Unten: MS World Discoverer

Manaus – die Millionenstadt
am Amazonas

Erwartungsvoll gestimmt schauen wir von unserem Schiff auf die weltbekannte Stadt.

Unzählige große und kleine Kähne zeugen davon, wie abhängig die Millionenstadt im Amazonasgebiet vom Wasser ist.

Langsam steuert die World Discoverer auf eine schwimmende Pier zu, die in den Fluss reicht.

Eine 250 Meter lange, gelenkartige Verbindung, die bis zu einer Art „Verbindungsstraße" reicht, über die man in die Stadt gelangt.

Am Ende befindet sich die Kaimauer, an der eine große grüne Tafel hängt, an der weiße Markierungen angebracht sind, die die jährlichen Wasserstände bei Hochwasser anzeigen.

Daher auch die schwimmende, gelenkartige Pier, die sich je nach Wasserstand hebt und senkt.

An das obere Ende des Steilufers klammern sich Hütten aus Wellblech und Fischkisten.

Matten und Blechgeschirr auf dem Boden.

An einem Haken hängen Hosen und Hemden.

Manaus ist voller Überraschungen.

Kopfsteingepflasterte Straßen, Jahrhunderte alt.

Jeder der zigmillionen Steine wurde mit portugiesischen Segelschiffen vom 10.000 Kilometer entfernten Europa über den Atlantischen Ozean hierhin transportiert.

Pflasterstraßen, die heute noch existieren und mit Autos „vollgestopft" sind.

Manaus ist eine lebendige, geschäftstüchtige Stadt, in der man vergisst, dass man sich im Amazonasgebiet befindet.

Kaufhäuser, Wolkenkratzer, Boutiquen, Geschäfte.
Groß ist die Angebotspalette.
Es gibt alles zu kaufen, auch das Modernste.
Elektrische Nähmaschinen der Firma „Singer", und …, und …

Es ist November, und schon „weihnachtet" es in den Schaufenstern. Künstliche Weihnachtsbäume und mehr – alles mitten im Regenwald.

Was mögen die Amazonas-Bewohner nur denken und sagen, die zum ersten Mal nach Manaus kommen? Die aus ihrem Leben der Fische, Pflanzen und Wildtiere für Stunden ihrer „Einsamkeit" entfliehen.

Sie werden die Welt nicht mehr verstehen.
Doch was sie wirklich denken, weiß man nicht.

Wir suchen wir ein einheimisches Lokal auf, besser gesagt, eine „Pinte".
Laute Musik, Barhocker, Tische und Stühle, an denen man Kaffee, Rotwein und vor allem Bier trinkt.

Mittelpunkt von Manaus ist das weiß glänzende „Teatro Amazonas", das Opernhaus.
Es ist das Wahrzeichen von Manaus, dessen Kuppel mit bunten Ziegeln ausgestattet ist.

Das weltberühmte Opernhaus steht auf einem großen Platz, davor ein Denkmal das die vier großen Erdteile Asien, Amerika, Afrika und Europa symbolisiert. Nord- und Südamerika sind zu „Amerika" zusammengefasst, die „Insel-Kontinente" Australien und Antarktis fehlen.

Um den Platz herum Häuser im alten Kolonialstil.

Über Treppen aus italienischem Marmor gelangt man ins Foyer des Opernhauses und von dort in den großen Konzertsaal, der einst 1.800 Sitzplätze fasste, die später auf 700 reduziert wurden.

Beim Eintritt in den Konzertsaal ist man sofort vom besonderen Flair ergriffen.
Marmorsäulen und rotbraune Bezüge auf den Stühlen.

Auf der Bühne steht ein großes Klavier, auf dem der damals in Deutschland bekannte Sänger Jürgen Marcus ein paar Takte spielte. Er wurde bekannt durch sein Lied „Eine Reise um die Welt".

Für die berühmten Opernsänger in Europa war es seinerzeit eine große Ehre, im Teatro Amazonas auftreten zu können.
Der Reichtum in Manaus begann mit dem Kautschukboom.

Vorher war diese Stadt nur ein kleiner Ort mit 400 Einwohnern.

Der Name „Manaus" geht auf den Indianerstamm der „Manaós" zurück, einen Indianerstamm, der im Flussbereich des Rio Negro lebt. Das Wort bedeutet so viel wie „Mutter Gottes".

Manaus wuchs in dem Moment, als man Gummi aus Kautschuk herstellen konnte.
Man nannte Manaus auch „die Stadt des Kautschuks".
Ein Relikt aus dieser Zeit ist das berühmte Opernhaus, das nach dem Vorbild der Pariser Oper mit europäischen Baumaterialien errichtet wurde.

Das Geheimnis, aus Kautschuk Gummi herzustellen konnte man bis in die 20er Jahre des vorigen Jahrhunderts bewahren.
Eigentlich ein recht einfaches Rezept.
Man brauchte nur die Bäume im Regenwald anzuzapfen, und schon floss die „weiße Milch".

Gewusst wie!

Obwohl der Export von Gummibaum-Samen unter Todesstrafe stand, soll ein Engländer die wertvollen Samen außer Landes geschmuggelt haben.
In Indien züchtete er dann Gummibäume auf Plantagen.

Damit war das Monopol gebrochen, aber der Glanz des Opern-hauses blieb.

Vom Dach des benachbarten 20-stöckigen Hochhauses fotografierte ich das Opernhaus von oben.

Ich überredete den Hausmeister des Hochhauses, nachdem wir uns begeistert über Fußball unterhalten hatten und ich ihm erzählte, dass ich ein aktiver Fußballspieler war.

Er fuhr mit uns – drei Wuppertalern – auf das Dach des Hochhauses.

Ich fotografierte durch eine Dachritze erfolgreich das Opernhaus von oben.

Fußball verbindet.

Gut gelaunt bummeln wir weiter durch die Stadt.

Von Lärm und lautstarker Musik umhüllt, erleben wir die Fußballbegeisterung der Brasilianer(innen).

Es spielt die brasilianische Nationalmannschaft gegen ein afrikanisches Land.

Jedes Tor der Brasilianer wird lautstark gefeiert.

Begeisterungsstürme in den Kneipen, aber auch auf Bürgersteigen aus Kofferradios.

Wir gehen vorbei an Banken und dem Hauptpostamt.

Gelbe Postautos – gelb ist auch hier die Farbe der Post.

In der Schalterhalle schwerbewaffnete Polizisten, ebenso in den Banken.

Zurück zum Hafen.

Am nächsten Morgen sind wir bereits um 06.30 Uhr auf dem Fischmarkt, der sich im Hafengebiet befindet.

Fischer, die von ihren Booten in der Nacht gefangenen frischen Fisch anbieten, darunter auch Piranhas mit ihrem kräftigen, furchterregenden Gebiss.

Vorsicht geboten, auch wenn sie tot sind. Ausgelöst durch Muskelreize können sie auch im Tod noch plötzlich zubeißen.

Auffallend, dass so manchen Finger an der Hand eines Fischers fehlt.

Unterhalb des Fischmarkts einheimische Flussschiffe mit gespannten Hängematten sowie einer Gemeinschaftstoilette.

Die World Discoverer verlässt den Hafen und fährt weiter stromaufwärts durch ein Labyrinth aus Flüssen.

Wir befinden uns auf dem mehr als einen Kilometer breiten Rio Negro, an dem auch Manaus liegt.

Ein Naturschauspiel der besonderen Art

Das Wasser des Rio Negro („schwarzer Fluss") ist schwarz und fließt kilometerweit neben dem Rio Solimões, dessen Wasserfarbe gelblich ist.

Das Besondere daran ist, dass das Wasser beider Ströme kilometerweit nebeneinander her fließt, bevor sich die farblich unterschiedlichen Flüsse langsam vereinigen.

Das dunkle Wasser des Rio Negro ist nährstoffarm, das gelblich-braune Wasser des Solimões besteht aus nährstoffreichen Substanzen und führt ein höheres Volumen an Schlamm mit sich.

Wir befinden uns in einem gigantischen Flusslabyrinth.
Wasserstraßen führen nach Kolumbien und Peru.
Eine Strecke, die von großen Schiffen wegen des Tiefgangs nicht mehr befahren werden kann.
Für sie endet der Wasserweg in Manaus.

Seit nunmehr 100 Millionen Jahren gibt es dieses Flusssystem bei gleichem Klima und einer Tier- und Pflanzenwelt in ihrer ganzen Vielfalt.
Die Natur konnte sich bis vor Jahrzehnten ohne die Eingriffe des Menschen in aller Ruhe entwickeln.

Doch seit der Mensch, meist aus reinen Profitgründen, immer zerstörerischer einwirkt, spüren die Menschen weltweit die unübersehbaren Folgen – in aller Breite und Tiefe.

Beispiele:

Waldrodungen, um im Regenwald Ackerland zu schaffen?
Inzwischen ist eine Größenordnung von 250.000 Quadratkilometer erreicht. Eine Fläche, etwa so groß wie die alte Bundesrepublik Deutschland (vor 1990).

Man hat errechnet, dass durch weitere Waldrodungen im aktuellen Tempo in 50 Jahren der Amazonas-Regenwald verschwunden sein könnte.

Die Folge: Wenn Wälder, Büsche und Pflanzen keinen Sauerstoff mehr produzieren, ist das Leben auf der Erde in Gefahr, ja, vielleicht sogar zu Ende.

Zerstörung durch Feuer

Das brasilianische Institut für Weltraumforschung „INPE" hat durch Satellitenforschung im Zeitraum vom 01. bis 30.08.2020 belegt, dass allein im Amazonasgebiet 7.760 Feuer ausgebrochen sind.

Nach Meinung der Experten sind sie nicht von allein entstanden ...

Der August ist zwar einer der trockensten Monate, aber man schaffte Platz für die Landwirtschaft und die Viehzucht.

Hinzu kommen Brände in aller Welt, vor allem riesige Brände in den USA, die der Mensch scheinbar nicht mehr bezwingen kann.

Die Folge ist, dass die Erdatmosphäre immer mehr aufgeheizt wird.

Die Auswirkungen spüren wir inzwischen immer drastischer – es wird heißer und heißer.
Die Erde brennt!

Immer mehr Lebensraum für Menschen, Tiere und Pflanzen wird durch Treibhausgase zerstört.

Der Amazonas-Regenwald sowie Büsche und Pflanzen geben in der Regel mehr Sauerstoff ab, als sie selbst benötigen.
Durch die Verdunstung entstehen Wolken, und es regnet.
So funktionierte bisher das Ökosystem auf unserem Planeten.

Die „Apotheke" aus dem Regenwald ist in Gefahr

Ob im Regenwald Amazoniens oder im Dschungel Afrikas werden wertvolle Kräuter vernichtet, die eine lebenswichtige Bedeutung für die Menschen in der Abgeschiedenheit des Dschungels und Regenwalds haben und sie vor Erkrankungen schützen.
Aber auch für die Menschen in der zivilisierten Welt!

Menschen leben in den Wäldern Amazoniens und Afrikas von den Früchten der Natur, ob als Nahrung oder Heilmittel.

Kräuter, die z.B. die Anti-Baby-Pille ersetzen.

Eine bedeutende Position nehmen die Schamanen im Regenwald oder Medizinmänner in Afrika ein.

Sie sind sozusagen die Doktoren des Regenwalds bzw. der Urwälder Afrikas.

Vor Ort haben sie eine wichtige Rolle zu erfüllen.

In ihrer Lebensphilosophie betrachten sie sich als „Helfer am Menschen", im Gleichgewicht der Naturgesetze und des Seelenlebens.

Ihr Grundgedanke ist, dass alles Leben, ob in der Tier- oder Pflanzenwelt, eine Seele hat.

Eine Sprache der Natur, die wir Menschen nicht verstehen und nachvollziehen.

Wer in der Abgeschiedenheit des Regenwalds oder Dschungels Hilfe benötigt, ist froh, eine helfende Hand gereicht zu bekommen.

Das gilt auch für die Menschen in der „Zivilisation" oder „westlichen Welt".

Arroganz ist hier fehl am Platze!

Große Pharmaunternehmen sind weltweit mit ihren Spezialisten unterwegs, um die Erfahrungen von Schamanen und Buschmännern in tropischen Gebieten in ihre Forschung einzubinden.

25 Prozent aller Medikamente kommen inzwischen aus tropischen Ländern.

Im Amazonas-Regenwald hat man zum Beispiel ein Gewächs entdeckt, das muskelentspannend bei Operationen eingesetzt wird.

Aus der Yamswurzel ist beispielsweise eine Antibaby-Pille entwickelt worden.

Die Pflanzenvielfalt am Amazonas ist aber auch von Schönheit geprägt.

Eine der attraktivsten und schönsten Pflanzen ist die „Victoria Amazonica", eine riesengroße Seerose.

Man findet sie meistens in schmalen Nebenflüssen des Amazonas, in Seen, usw.

Ihre großen Blätter schwimmen auf der Wasseroberfläche.

Sie gilt als Symbol der Schönheit.

Nach der Legende war die Seerose einst eine hübsche Indianerin, die von allen geliebt wurde (platonisch). Ihr größter Wunsch war, einmal dem Mond ganz nahe zu sein.

Eines Nachts, als der Mond leuchtete und sie noch schöner wirkte, bewegte sie sich in Richtung Mond, fiel ins Wasser und ertrank.

Darüber war der Waldgott Tapa so traurig, dass er sie eines Tages wegen ihrer Schönheit in eine Seerose „umwandelte", die der schönen Indianerin ebenbürtig war.

Auf dem Weg nach Südkolumbien

Vor Kolumbien unternehmen wir mit „Mo", Mr. Scott und einem Hydro-Biologen, der in Manaus zugestiegen ist, mit einer Barkasse eine Exkursion: „Piranha-Jagd".

Piranhas halten sich vorwiegend in flachen Gewässern auf.

Von den 40 bekannten Arten zählen vier Arten zu den Killerfischen.

Wegen seiner messerscharfen, dreieckigen Zähne wird er „Zahnfisch", oder eben Piranha (von „pirá" für „Fisch" und „anha" für „Zahn") genannt.

Massig sein unförmiger Kopf.
Seine Augen groß und rund.

Wie gefährlich Piranhas sind, demonstriert „Mo" in der Barkasse (einem großen, geschlossenen Beiboot).
Er hält einen 2,5 Zentimeter dicken, mit Fleisch umwickelten Stock kurz ins Wasser. Es kracht kurz, und das Fleisch ist weg.

„Mo" erzählt von einem Unglück vor Manaus, als ein Bus mit 38 Insassen in den Fluss stürzte. In Windeseile rissen die blutrünstigen Piranhas ganze Körperstücke heraus.
Kurze Zeit später konnte man nur noch die Skelette bergen.

Exkursion im Regenwald

Voller Spannung ist die Exkursion mit „Mo" in Zodiacs durch einen schmalen Nebenfluss des Amazonas in den Regenwald.
Der Seitenarm ist voller Wasserpflanzen.
Ein Dickicht von Wasserpflanzen, das mit den Zodiacs nur mit Mühe zu durchdringen ist.

Links und rechts des Flussarms Büsche und riesige Bäume, die meterweit voneinander entfernt sind.

Endlich finden wir eine feste Uferstelle, um in den Regenwald zu gelangen.

Der Boden ist modrig-feucht und glitschig.

Es ist feucht-heiß, der Boden voller Blätter.

Ein paar Schritte, dann bleiben wir stehen.

Überall könnten Gefahren lauern.

Schlangen, die man nicht sieht.

Gummistiefel, die Schutz geben.

Hohe Bäume, deren Wurzelgeflecht nicht in die Tiefe dringt, sondern sich filigran über dem Boden ausbreitet.

Wurzeln, einen halben Meter dick – wie ein kunstvolles Gemälde.

Zwischen den Bäumen geschwungene Luftwurzeln – wie „Affenschaukeln".

Lianen, wie „Wasserleitungen" zwischen den Baumriesen.

Mit dem Fernglas entdecke ich hoch oben in der Baumkrone ein Tier zusammengerollt im Geäst hängen. Plump hängt es kopfüber nach unten – ein Faultier.

In dieser Haltung kann es wochenlang ausharren, bis es wegen Hunger die Position aufgeben muss, um Futter zu suchen.

Das Faultier kann zwar sehr schlecht laufen, dafür aber gut schwimmen.

Die Natur hat auch in diesem Fall für einen Ausgleich gesorgt.

Plötzlich Affenschreie, deren Richtung man nicht richtig orten kann.

Warnschreie, wenn man den „Hoheitsbereich" der Affensippe betritt.

Einem Jaguar, der Großkatze, dem gefährlichsten Tier, möchte man nicht begegnen.
Man muss das Schicksal nicht herausfordern.

Grund genug, den Regenwald zu verlassen.
Geheimnisvoll und mysteriös sind die Gesetze des Waldes.

Einen Tag bevor wir die Südspitze Kolumbiens erreichen, kommt uns ein Motorboot mit kolumbianischen Grenzbeamten entgegen, um die Reisepässe zu prüfen und alle Einreiseformalitäten zu erledigen.

Mit Alkoholika beladen fährt das Motorboot zum Grenzort Leticia zurück.
Leticia ist der südlichste Hafen, der in Kolumbien am Amazonas liegt.

Oben: Das Opernhaus von Manaus
Unten: Blick vom Dach auf die Oper und den Stadtkern von Manaus

Oben: Piranhas auf dem Fischmarkt von Manaus
Unten: Einheimische Händler

Oben: Im Hafen von Manaus
Unten: Hochwasserstandsmarken im Hafen von Manaus

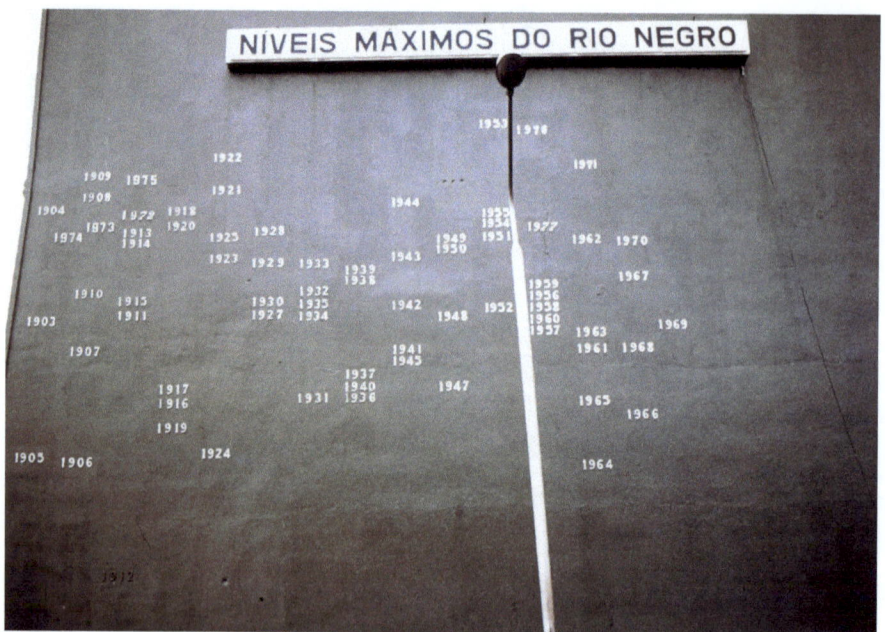

Oben: Seerosen in einem Seitenarm des Amazonas
Unten: Exkursion im Einbaum

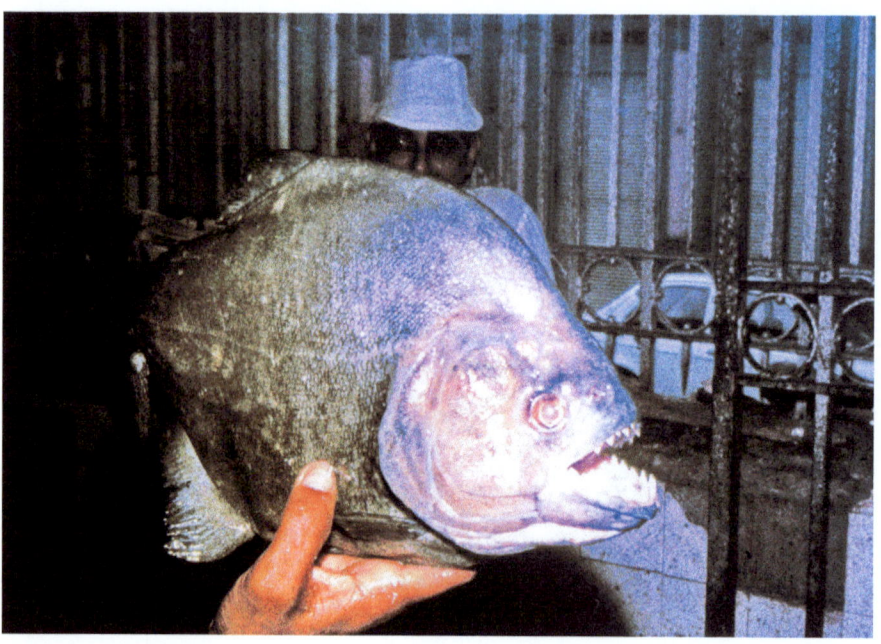

Oben und Unten: Piranhas

Oben: Der Autor (rechts) im Dickicht des Amazoas-Regenwalds
Unten: Luftwurzeln schlängeln sich wie Lianen durch den Urwald

Leticia – Geheimnis eines Dschungels

Leticia liegt an der südlichsten Spitze Kolumbiens, 1.900 Kilometer von der Hauptstadt Bogotá entfernt.

Im Hafen gibt es eine „Mini-Pier", an der gegen 17.00 Uhr die World Discoverer anlegt.
Problematisch ist es, von der Mini-Pier über zwei bohlenartige Bretter auf eine Verbindung zur Straße zu gelangen. Der Gang über die Bohlen gleicht einem Balanceakt.

Parallel zum „Hafen" (Anlegestelle) verläuft eine einzige Straße mit Behausungen und Hütten.
Aus den Hütten dringt Musik.
Eine merkwürdige Atmosphäre, als es dunkel wird.

Die Lichter gehen an.
Funzellicht, düstere Männergestalten mit „versteinerten" Gesichtern, als stünden sie unter Drogen.

Mädchen, die lieber nicht breitmündig lächeln sollen.
Immer wenn sie lächeln, sieht man Zahnlücken.
Zahnersatz ist sehr teuer.

Ein Hauch von Wild-West-Romantik, eine lebendige „Sündenmeile".
Hier herrschen die Gesetze des Dschungels.

Nach der Rückkehr zum Schiff erfahren wir, dass die Rundflüge am nächsten Tag wegen Erkrankung der Piloten ausfallen, so dass wir mit einem „Tuck-tuck"-Boot auf Exkursion über verschlungene Wasserwege zum Indianergebiet des Ticona-Stamms tuckern. Hier zeigt man uns, wie man mit Blasrohr, Pfeil und Bogen auf Jagd geht.

Das zur Jagd benutzte Gift nennt man „Curare".
Es wird aus Säften verschiedener Blätter sowie aus Baumrinde gewonnen und besteht aus Nervengiften, die Lähmungserscheinungen zur Folge haben (z.B. der Atemmuskulatur).

Auf Jagd gehen die Männer, während Frauen in Kanus, die auf Pfählen stehen, Gemüse züchten.

Beeindruckend ist die Malkunst mit Macheten auf Baumrinden.
Motive aus dem Regenwald des Amazonas:
Pflanzen, Tiere, Insekten, usw.

Experten nennen das „Naive Malerei".

Ein solches Unikat erwerben wir als Geschenk für unsere Söhne Marco und Christoph.

Die Politik des Dschungels führte zu kriegerischen Auseinandersetzungen.
Doch sie fanden bald wegen der klimatischen Erschwernisse ein schnelles Ende.

Das „Kriegsgerät" blieb buchstäblich im feucht-heißen Regenwald stecken.

Niemand hätte den Krieg gewinnen können.

Bis heute blüht der Schmuggel im verschlungenen Flusslabyrinth.

Melodie des Regenwalds

Das sanfte Piepsen von Vögeln.

Ein Lebensraum vieler Geheimnisse und zarter Gewächse.

Im Amazonasgebiet gibt es zwar eine Vielzahl von Tierarten, aber man sieht wenige Tiere.
Anders als in Afrika, wo es sehr viele Tiere, aber wenig Arten gibt.

Besonders auffällig ist der Tukan, ein großer Vogel mit einem außergewöhnlich langen Schnabel.
Der Schnabel ist fast so lang, wie der Vogel im Umfang ist.
Mit dem langen Schnabel will der Tukan einerseits Angst verbreiten, andererseits soll die knallgelbe Schnabelfarbe Partner anlocken.

Ein buntes Federkleid hat der Papagei, der in unseren Breiten in der Regel als Haustier gehalten wird.
Dazu eine wahre Begebenheit, die wie eine Story, wie ein Märchen klingt.

Der „Coco" vom Amazonas in Wuppertal

Sein Herrchen nannte ihn „Coco".

Immer, wenn sein Herrchen ins Zimmer kam, sprühte er vor Freude und wackelte mit seinen roten Schwanzfedern.

Durch sein Herrchen lernte er einige Lieder.

Als er am 19. August 1995 in einen größeren Käfig umziehen sollte, schlüpfte er durch das auf Kipp gestellte Fenster und flog fort.

Er nutzte diese Gelegenheit, um seine im Amazonasgebiet gewohnte Freiheit zu suchen.

Zwei Tage hielt Coco sich in der Gartenanlage seines Herrchens auf und pfiff das Lied „So ein Tag, so wunderschön wie heute".

Dann verschwand er und wurde erst wieder auf dem Unterbarmer Friedhof gesehen, als er eine Melodie pfiff.

Drei Tage Funkstille, dann tauchte er plötzlich wieder im Garten seines Herrchens auf.

Als sein Herrchen erschien, pfiff er das Lied „Du bist verrückt, mein Kind".

Coco merkte, dass sein Herrchen traurig war.

Dann begann eine Suchaktion; Radio Wuppertal berichtete darüber.

Eine Woche später meldete sich eine Dame und teilte mit, dass ein Papagei durch ihr geöffnetes Schlafzimmerfenster geflogen sei.
Sie fütterte ihn, aber er flog mit unbekanntem Ziel fort.

Sein Herrchen formulierte erneut eine Suchmeldung.

Nach sechs Wochen meldete sich telefonisch eine Frau und verkündete voller Stolz, dass Coco sich bei ihr aufhalte und sie ihn behalten wolle.

Das Herrchen schaltete nun die Polizei ein, die den „Coco vom Amazonas" dem Herrchen zurückbrachte.
Als Coco sein Herrchen sah, pfiff er „So ein Tag, so wunderschöne wie heute" ...

Coco war wieder zu Hause.

Zurück zum Amazonas.

Kapitänsdinner am Abend, ehe wir am nächsten Morgen in Iquitos in Peru ankommen.

Jürgen Marcus singt „Ein Lied zieht hinaus in die Welt ...", einen Schlager, der die Menschen mitnimmt und zum Träumen bringt.
Stimmung pur!

Iquitos am nächsten Morgen

Hinter dem Namen Iquitos verbirgt sich ein exotischer Ort.
Hier ist der Amazonas noch 1,8 Kilometer breit.
Am Hafen steht die Pension Merlita, halbschief gebaut.

Busverkehr wie in der Südsee.
Es ist feucht-heiß, die Busse ohne Fenster.

Eine Frau im Bus, die in einem Drahtgestell fünf Hühner transportiert.
Der Käfig ist wohl nicht richtig verschlossen, denn plötzlich laufen die Hühner laut gackernd im Bus umher. Ein fürchterliches Durcheinander.
Der Busfahrer hält an und hilft beim Einfangen.

An einer Exkursion nehmen wir nicht teil, stattdessen an einem Gespräch mit Experten am Nachmittag. Es können Fragen gestellt werden.

Ein Experte spricht über die bis zu etwa zehn Meter lange Anakonda.
Sie ist nicht giftig, dafür aber ein einzigartiges Muskelpaket, das seine Beute umschlingt und immer mehr Druck aussetzt, bis schließlich der Tod durch Ersticken eintritt.

Wir erfahren viel über Ameisenbären.
Der Ameisenbär frisst täglich 30.000 Ameisen.

Er stößt mit seiner säbelartigen Schnauze in den Termitenhügel und zieht mit seiner 25 Zentimeter langen, klebrigen Zunge mit einem Mal hunderte Ameisen heraus.

Der *Zitteraal* ist in der Lage, in seinem Körper eine Energie zu entwickeln, um ein Spannungsfeld um sich herum aufzubauen.
Wie eine Batterie, die ein Spannungsfeld unter Wasser schafft, und ähnlich einem Radar.
Ein Mittel, um andere Fische auszuschalten, die gefährlich werden können.
Andererseits auch, um in Ruhe Nahrung zu sich zu nehmen.

Der *Jaguar* ist das gefährlichste Tier im Amazonaswald.

Am „stärksten" aber sind Viren, Bakterien und Moskitos, die als „Hausherren" als unbesiegbar gelten.

Wir erfahren auch, was Schrumpfköpfe sind.
Es sind Köpfe von Menschen, deren Kopfhaut vom Hinterkopf bis zum Scheitel gelöst und abgezogen wurde. Sie schrumpfen bis auf Faustgröße.

Rückflug

Am nächsten Vormittag erfolgt der Flug über die Anden nach Lima.
Ein unruhiger Flug, als würde der Flieger an den Anden
„hochkrabbeln".
Ein Fluggast, ebenfalls Pilot, bemerkt dazu wörtlich: „Der fliegt ja
so, als würde sein Vater Pferde zureiten."

Zurück bleibt der große Amazonas, der sich verschlungen im
Regenwald verliert.

Von Lima führt der Flug nach Madrid und von dort nach Frankfurt
am Main.

Zu viert fahren wir mit dem Zug am „Vater Rhein" entlang,
Deutschlands längstem Fluss.
Einer von uns bemerkt, „der Rhein ist ja wie ein Tümpel".
Wir müssen alle lachen … aber was soll's?

Das Erlebte wird einem erst nach Wochen bewusst.
Die Erlebnisse beflügeln die Phantasie.

Oben: Über Holzbohlen gelangt man trockenen Fußes an Land
Unten: Pension Merlita in Iquitos

Oben: Indios zeigen uns den Umgang mit dem Blasrohr
Unten: Amazonas von oben

Zwischen Machu Picchu / Cusco und Titicaca-See

Der Blick am Morgen aus dem Flugzeug bei strahlendem Sonnenschein schweift über die weiß funkelnde Schnee- und Eisdecke der Anden.
Glanz der Sechstausender ...

Man nennt diesen Abschnitt der Anden „Kordilleren".

Spektakulär ist die Landung in Cusco, der ehemaligen Hauptstadt des Inka-Reichs, die vor 1.200 Jahren gegründet wurde.

Cusco liegt in einem trichterähnlichen Kessel.
Entsprechend spektakulär ist die Landung. Wie in einem Kreisel schraubt sich das Flugzeug an den Felswänden herunter.

Als die Spanier im 16. Jahrhundert das große Reich der Inkas eroberten, wurde Cusco nahezu dem Boden gleichgemacht.
Auf den Fundamenten bauten sie Häuser und Paläste.
Am „Plaza de Armas" errichteten sie eine Kathedrale.

Heute ist Cusco eine Stadt voller Autos.
Dazwischen Kleinbusse und große Busse.
Der Verkehr stockt. Ein Hupkonzert nach dem anderen, als bekäme man für das Hupen eine Prämie.
Polizisten, die im Dauerton ihre Pfeife betätigen.

Aber alle Geräusche nutzen nichts, denn niemand macht Platz.
Was soll man auch machen? Wo kein Platz ist, kann man auch keinen Platz herzaubern. Ja, wenn die Autos doch nur fliegen könnten

Die Bürgersteige sind für Fußgänger vorgesehen.
Frauen, Kinder, Männer.

Frauen in bunten Gewändern und zylinderartigen, steifen Hüten (wie zu kleine „Bowler-Hüte"), unter denen ein geflochtener Zopf den Rücken herunter baumelt.

Frauen mit glockenförmigen, weit abstehenden Röcken. Oft mehrere Röcke übereinander. Das ist nicht nur wärmer, sondern macht auch ein breites Becken, was viele, meist ältere, Peruaner als „sexy" empfinden.

Das Bild der Frauen ist vielfältig.
Wie in Nepal Frauen, die Holzbündel auf dem Rücken tragen und gleichzeitig ein Kind im Arm halten.

Ob Frauen oder Männer, niemand lächelt.
Man weiß nicht, was sie denken.

„Fliegende Händler", die ein Geschäft machen wollen, Schnickschnack und Ansichtskarten verkaufen.
Lebhaft ist es auf dem Markt, vor allem wo Frauen mit stämmigen Beinen aus großen Fässern aus Mais gebrautes Bier nach eigenem Rezept verkaufen.

Spuckbier?

Es ist fermentiertes Maisbier namens „Chicha", das auch „Spuckbier" oder „Spuckebier" genannt wird.

Außerhalb von Cusco sehen wir, wie das Bier gebraut wird.
Da vergeht einem der Appetit!

Aus Maismehl gebackene Fladen werden von den Frauen durchgekaut, also mit viel Speichel durchtränkt, und in ein Gefäß gespuckt. Durch die im Speichel vorhandenen Enzyme wird die Maisstärke schnell in Zucker umgewandelt, und die Lösung beginnt zu gären.
Ein altes Rezept aus dem Inkareich.
Die Herstellung ist Aufgabe der Frauen. Warum das so ist, ist unbekannt.

Bekannt ist, dass Chicha (Maisbier) im gesamten Andenraum getrunken wird.

Spuckbier auch am Amazonas.
Hier spucken auch Männer in den „Brei"!
Es wird dort aus Maniok (Yuca) und Früchten in ähnlicher Weise hergestellt.

Die „Bier-Suppe" wird einen Tag lang stehen gelassen, fermentiert und in einem ausgehöhlten Kürbis aufbewahrt.
Na dann: „Prost!"

Cusco liegt auf einer Höhe von 3.416 Meter.

Neuankömmlinge, die aus tieferen Gebieten nach Cusco kommen, haben oft Kreislaufbeschwerden und Kopfschmerzen.
Die Luft in dieser Höhe ist sauerstoffarm.
Darauf sind alle Hotels vorbereitet, „Mate-Tee" soll helfen.

Cusco, Machu Picchu und Teile der Anden liegen in einem Erdbebengebiet.
Jederzeit kann ein Erdbeben die Menschen überraschen.
Wie es heißt, sollen Hotels ziemlich sicher sein, wenn sie auf einem breiten, stabilen Fundament der alten Inka-Mauern errichtet worden sind.

Was die Inkas an Kultur hinterlassen haben, ist überwiegend in der alten Ruinenstadt Machu Picchu (auf 2.430 m Höhe) zu bewundern.
Über eine Straße kann man Machu Picchu nicht erreichen, sondern nur mit der Eisenbahn.

Abenteuerliche Zugfahrt von Cusco
nach Machu Picchu

Es ist morgens um 07.00 Uhr früh, als reges Treiben vor dem verschlossenen Bahnhof in Cusco herrscht.

Abenteuerlich ist die 110 Kilometer lange Zugfahrt nach Machu Picchu.
Im Zickzackkurs „schraubt" sich der Zug förmlich aus dem Talkessel.
Einen Kilometer vorwärts, Weiche stellen, einen Kilometer rückwärts.
Jedesmal betätigt ein Eisenbahner mit einer langen Eisenstange die jeweilige Weiche.
Das geschieht dreimal, um den Höhenunterschied von 300 Meter zu überwinden.

Der Zug rollt und rollt im Schneckentempo.
Zwischendurch schüttelt sich der Zug;
Unebenheiten im Streckenverlauf.

Das Zugpersonal bietet Getränke und Käsebrötchen mit Tomaten an. Genau das Richtige für den Magen am Morgen.

Die Fahrt führt durch eine verschlungene Landschaft der Berge.
Ab und zu hält der Zug auf kleinen Bahnhöfen mit hunderten von Menschen.

Alle wollen etwas verkaufen.

Frauen, Kinder, vereinzelt Männer.

Männer als „Fliegende Händler".

Ohne ein Signal zu geben fährt der Zug weiter.

An der Strecke befinden sich Eukalyptusbäume, Kakteen und Agaven.
Ab und zu eine kleine Parzelle, auf der Weizen angebaut wird.

Die Landschaft wird enger, eingebettet ein reißender Fluss, hohe Felswände. Meterhohe Steinbrocken liegen im flachen Wasser.

Wir befinden uns im Urumbaba-Tal, das nach dem Fluss „Rio Urumbaba" benannt ist.

An der nächsten Haltestelle sind hunderte von Menschen.
Frauen, die belegte Brote anbieten.
Fliegende Händler, die geschnitzte Figuren, Gürtel und Allerlei durch die halbgeöffneten Fenster halten.

Frauen mit großen Taschen, in denen belegte Brötchen eingepackt liegen, sozusagen das zweite Frühstück.

Der Aufenthalt ist kurz, der Zug fährt weiter.
Zurück bleiben traurige Gesichter. Man hätte doch noch so viel verkaufen können …

Panflötenklänge vor Machu Picchu: „El condor pasa".

Das ewige Lied der Sehnsucht.
Es lässt überall auf der Welt die Menschen träumen.

Die Sehnsucht nach Liebe und Geborgenheit,
die Sehnsucht, seinen Platz zu finden, ob in der Familie oder anderswo.
Die Sehnsucht, respektiert zu werden, und nach Menschlichkeit,
die Sehnsucht nach Sinnlichkeit und Ruhe.

„El condor pasa", aber einen Kondor erblicke ich nicht.

Im Bahnhof Quillabamba endet die Zugfahrt.
Hoch oben liegt Machu Picchu.

Mit einem Bus gelangen wir auf das Plateau.
In Kehren führt die Straße steil aufwärts.

Je höher man kommt, desto markanter die Berge und desto geheimnisvoller wirken sie.

Ich weiß nicht, ob ich es richtig empfinde.
Vielleicht geht es auch anderen Besuchern so.
Etwas hilflos stehe ich hier oben und weiß nicht, ob ich nach links oder rechts gehen soll.
Alles erscheint mir rätselhaft.

Warum blieb die Inka-Stadt so lange unentdeckt?
Warum liegt sie auf einem Felsplateau?
Und warum wurde sie so plötzlich aufgegeben?
Fragen, die nur Experten genauer beantworten können.

Viele Besucher scheinen zuerst unsicher zu sein, auch eine Gruppe von Japanern mit weißen Hüten. Sie tragen scheinbar alle die gleichen weißen Hüte.
Natürlich gehört zur Ausstattung auch ein Fotoapparat oder eine Filmkamera.
Der Drang, sich selbst zu fotografieren ist groß.
In jedem Winkel fotografieren sie sich. Meist in „gezwungener" Haltung und „angespanntem" Gesicht.

Wie Machu Picchu im Inkareich ehemals hieß, weiß man nicht.
Erst später ist die in 2.430 Meter Höhe auf einem Bergrücken liegende Inka-Siedlung nach dem nahegelegenen Gipfel des Berges „Machu Picchu" („alter Berg") benannt worden.

Machu Picchu ist eine Treppenstadt, die stufenförmig angelegt wurde.
Die Terrassen wurden als Anbauflächen für Agrarprodukte genutzt.
Bis zu vier Meter hohe Terrassen, die nur über Treppen zu erreichen sind.
Man muss also gut zu Fuß sein.

Treppen über Treppen.
Treppen auch zu den 216 steinernen Gebäuden.

Luftaufnahmen zeigen, dass die Hälfte des Orts aus landwirt-schaftlichen Anbauflächen bestand.

Gemessen an Luftaufnahmen ist der Ort etwa 800 Meter lang.

Machu Picchu umfasst zwei große Zonen, und zwar die Agrar- und die städtische Zone.
Im Stadtbereich befinden sich überwiegend Häuser mit Vorhöfen.
Einstöckige Häuser und Gebäude mit überwiegend vier Wänden.
Es gibt aber auch Räume mit drei Wänden. Den Grund weiß man nicht.
Die Fenster im Eingangsbereich sind nach der Bauweise der Inka trapezförmig.

Die Dachkonstruktion bestand aus Baumstämmen, das Dach wurde mit Stroh bedeckt.

Nägel, die bei der Fertigung verwendet wurden, bestanden aus Stein.

Zum Bau wurden Quarzsteine verwendet und höchstwahrschein-lich mit Sand geschliffen.

Steinblöcke bzw. –quader sind meist Granitblöcke, die aus der Umgebung stammen.
Die tonnenschweren Steinquader wurden derart feinsäuberlich geschliffen, dass sie ohne Bindungsmittel (z.B. Mörtel) nahtlos aufeinander liegen.
Mauern, die über 6.000 Jahre alt sind.

Und in der „Zivilisation"?

Für das Auge schön, aber bereits nach zwei Jahren bröckeln Stein-splitter von neu gebauten Mauern ab.
Um Gefahren für die Bürger abzuwenden, erwägt man, Auffang-netze zu spannen.

Deutsche Ingenieur- und Baukunst kann doch nicht so mangelhaft geworden sein!
Fachleute, die vor Jahrzehnten im Ausland Brücken bauten (z.B. in Venezuela) und hoch anerkannt waren ...

Oder liegt es vielleicht daran, dass die Verträge lückenhaft ausge-handelt und formuliert worden sind?

Machu Picchu wurde erst im Jahre 1911 durch Zufall entdeckt.
Durch einen Hinweis eines 11-jährigen Hirtenjungen an den ame-rikanischen Forscher Hiram Bingham, der sich in diesem Gebiet aufhielt.
Der Hirtenjunge begleitete ihn zu einer alten Stadt, die von der Vegetation überwuchert war.
Und tatsächlich, es war die Ruinenstadt Machu Picchu.
Der Hirtenjunge wusste es von seinen Vorfahrten, die dort lebten.

Hiram Bingham konnte es nicht fassen, war fassungslos.
Von diesem Glück überrascht, schrieb er in sein Tagebuch:

„Wird mir überhaupt einer glauben, was ich entdeckt habe?"

Von Riesenbergen umgeben, liegt Machu Picchu auf einem Bergkamm.

Man entdeckte sogar ein funktionierendes Wasserversorgungssystem.
Eine Anzahl von Brunnen stellte die Wasserversorgung sicher.

Man entdeckte nur einen Pfad, der nach Cusco führte.
Ein Pfad, der in drei Tagen zu bewältigen ist.
Über diesen Pfad wurden früher nach einem ausgeklügelten System Kuriere von Cusco nach Machu Picchu geschickt.

Bedrohlich hohe Berge, die steil abfallen.
Ein schmaler Pfad, etwa ein bis zwei Meter breit, daneben steil ins Tal abfallende Hänge.
Man muss schon schwindelfrei sein.

Still und geheimnisvoll.
Gefahren überall.

Jederzeit kann hier die Erde beben.

Erdrutsche, wie im Jahre 2004, als elf Menschen getötet und 200 Touristen eingekesselt wurden.
Die Schienen der Bahnstrecke zurück nach Cusco mussten auf 200 Meter Länge repariert werden.

Auf der Plattform in Machu Picchu befindet sich ein kleines Hotel mit 16 Bettgestellen, die aus Blechrohren hergestellt wurden.
Hier ist auch die Einstiegsstelle in den Bus zurück zum Bahnhof.

Eine Fahrt mit Unterhaltung:
Immer dann, wenn der Bus eine Kehre passiert, steht ein etwa 13-jähriger Junge da und begrüßt uns lautstark mit einem Indianerschrei!
Unten am Bahnhof angekommen, springt er in den Bus und bittet um eine Gabe.
Das „Trinkgeld" zeigt, dass der Spaß angekommen ist.

Zurück mit der Bahn nach Cusco.

Als der Zug in Cusco bei Dunkelheit ankommt, liegt die Stadt im Lichtermeer.
Der Blick auf die Stadt ist märchenhaft.
In Kehren geht es bergab.
Hell erleuchtet die Kathedrale am „Plaza de Armas" sowie die Kirche „La Compañía de Jesús".

Der Bummel durch die Stadt ist bunt und vielfältig.
Angenehme Gerüche von Garküchen.
Es riecht nach Fleisch.

Gleich daneben ein Stand mit „Spuckbier" ...

Am nächsten Morgen verlassen wir Cusco und fahren zum Titicacasee.
Allein die Ausfahrt aus dem Kessel von Cusco nimmt kein Ende.

Am Straßenrand von Cusco meist einfache, flache Häuser.
Es herrscht starker Autoverkehr.

Polizeikontrolle am Rand von Cusco.
Die Pässe werden kontrolliert.

Busfahrt zum Titicacasee

Eine große Anzahl von kleinen und größeren Tankstellen, kein Mangel an Brennstoff.
Die Kraftstoffversorgung ist sichergestellt.

Lautstark donnern Lastwagen mit ihren Abgaswolken an uns vorbei.
Kleine Busse, die uns überholen.

Eine hügelige Landschaft, die sich bis zu den Bergen zieht.

Oben: Traditionell gekleidete Frauen verkaufen ihre selbstgemachten Waren
Unten: Ein fliegender Händler bietet bunte Taschen an

Oben: Wolldecken-Händler am Bahnhof von Cusco
Unten: Die Herstellung von Spuckbier ist traditionell Aufgabe der Frauen

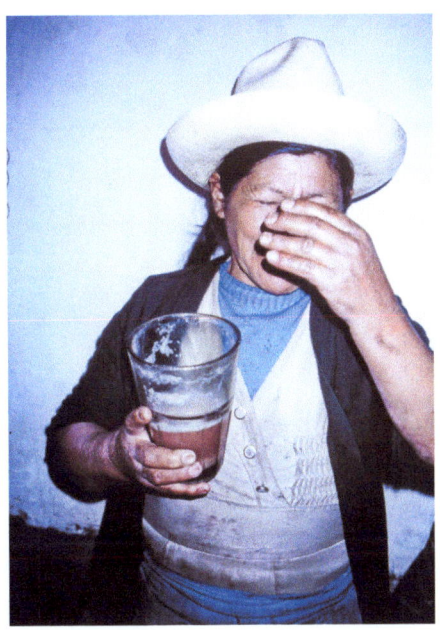

Oben: Spuckbier-Herstellung macht lustig
Unten: Steile Serpentinen führen nach Machu Picchu

Oben und Unten: Machu Picchu

Oben: Blick auf die Ruinen von Machu Picchu
Unten: Der Autor in der geheimnisumwobenen Inka-Stadt

Oben: Terrassenförmig angelegte Gärten in Machu Picchu
Unten: Ein letzter Blick auf die Inka-Stadt beim Abschied

Peru ist das Land der Kartoffel

Die Kartoffel ist neben Reis, Mais und Hirse ein wichtiges Nahrungsmittel auf unserem Planeten.
Aus unserem Speiseplan wäre die Kartoffel nicht mehr wegzudenken.

Sie ist ein Energiespender und beinhaltet Vitamine, Kohlenhydrate und Proteine.
Allein mit Kartoffeln und Milch kann ein Mensch überleben.

In Peru wurden etwa 200 Kartoffelsorten gezüchtet.
Es waren die Hochlandindianer, die als Erste viele Sorten züchteten, die zum Verzehr geeignet waren.

Man hat sogar eine Kartoffel entwickelt, die Frost vertragen kann.
Sie wurde in den Bergregionen angebaut und zwar auf bis zu 5.000 Meter Höhe.

Die Kartoffelknolle hat sich auch in anderen Ländern Südamerikas ausgebreitet, bis hin nach Chile, wobei Chile und Peru sich streiten, wer zuerst die Kartoffel entdeckt hat.

Dörfer, Siedlungen und einzeln stehende Häuser, deren Bewohner Landwirtschaft betreiben.

Die Landwirtschaft in Peru ist vor allem Aufgabe der Frau.

Ochsen, die vor einen Holzpflug gespannt sind und den Boden aufreißen, um per Hand Kartoffeln für die Aussaat zu legen.
Die Arbeit ist in der dünnen Luft und in gebückter Haltung äußerst schwer.
Umso angenehmer, wenn das Essen aufs Feld kommt.

Ich kenne das persönlich von der Landwirtschaft meines Opas, wo das Kartoffelgericht mit Fleisch und Soße warm aufs Feld gebracht wurde.
Als Kind schmeckte mir dieses Essen immer besonders gut, wie auch allen anderen in der frischen Luft.
Ein Stück Freiheit und Pioniergeist.
Das Essen in der Gemeinschaft ist besonders anziehend, auch wenn die Gerichte manchmal einfach waren.
Aber das spartanische, einfache Leben hat auch einen Wert, an den man sich später gerne erinnert.

Auf 4.313 Meter passieren wir den höchsten Punkt auf dem Weg zum Titicacasee, den „Abra La Reya"-Pass. Die Luft ist hier dünn, aber es ist nicht kalt.

Im Hintergrund schneebedeckte Gipfel.
Von hier bis Puno, einer Stadt am Titicacasee, sind es noch 200 Kilometer.
Die Vegetation ist karg.

Lamas, die spuckenden Vierbeiner

Wenn sich Lamas angegriffen fühlen, spucken sie.
Dabei legen sie ihre Ohren an, und ihr Maul füllt sich mit Speichel.

Ich erinnere mich noch an eine Zeit, als unser Land „zweibeinige Lamas" hatte: Jugendliche, die breitbeinig auf der Bank saßen und mit Freude „Spuckfluten" zwischen ihre Beine plumpsen ließen.

Lamas sind eine Kamelart ohne Höcker.
Kamele sind sehr anpassungsfähig, ob als Lamas hoch in den Anden oder als Kamele mit zwei Höckern in Wüsten.
Kamele und Dromedare (ein Höcker) können Wüstenstürmen widerstehen und benötigen wenig Wasser.
Es sieht aus, als wenn sie mit geschlossenen Augen ihre Wüstentouren machen.
Sie traben und traben. Ihre Wimpern überdecken den Augapfel.

Unbekannt ist, dass sie an jedem Auge neben Ober- und Unterlid ein zusätzliches Augenlid haben, das durchsichtig ist.

Um zu verhindern, dass Sand in die Nasenlöcher gelangt, können sie diese auch schließen.
Ähnliche Eigenschaften haben auch die Lamas, bezogen auf ihre Umwelt hoch in den Anden.

Lamas sind bescheidene Tiere, fressen nur das, was sie am Weges rand vorfinden.

Sie sind Nutztiere und produzieren Milch und Wolle.

Im Gebirge, auf felsigem Untergrund, sind sie leichtfüßige Lauftiere.

Die Inkas erkannten schon vor 6.000 Jahren ihre Vorzüge.

Artverwandt sind die Alpakas.
Die Wolle von Alpakas wird auf dem Weltmarkt qualitativ noch wertvoller als die von Lamas eingestuft.

Titicacasee – der höchstgelegene See der Erde

Gemessen an seiner Fläche ist er etwa 15mal so groß wie der Bodensee, oder vergleichsweise fast so groß wie Korsika.

Bekannt ist der mit 4.000 Meter höchstgelegene See der Erde auch wegen seiner „schwimmenden Inseln".

Schwimmende Inseln und Boote
aus Totora-Schilf

Immer dann, wenn ein kriegerischer Angriff der Inkas drohte, löste man die Verankerung der aus Schilf bestehenden Inseln und zog sich auf den Titicacasee zurück.
Das heißt, dass die aus Totora-Schilf geschaffenen Inseln nur zeitweise auf dem See waren.

60 Prozent der Fläche des Sees gehören zu Peru und etwa 40 Prozent zu Bolivien.
Von den insgesamt 8.288 Quadratkilometer beträgt der Anteil Boliviens 3.372 Quadratkilometer, während 4.916 Quadratkilometer zu Peru gehören.

Hier lebt der Indianerstamm der Urus, die die künstlichen Inseln schufen.
Heute leben noch etwa 2.000 Indios des Stammes zeitweise nach traditioneller Art auf den schwimmenden Inseln, und zwar vor allem, wenn Besucher kommen.

Wir sind mit Booten aus Totora-Schilf unterwegs.
Die ersten Schritte auf dem kreuzweise verbundenen Schilf sind unsicher, denn man geht wie auf einem puddingartigen Untergrund, der aus dem Totora-Schilf besteht.
Totora-Schilf wächst am Ufer des Sees.

Das Gehen auf dem wackeligen „Schilf-Teppich" gleicht dem Gang von Pinguinen und ist gewöhnungsbedürftig.

Der Wasserspiegel im Titicacasee sinkt und sinkt.
Heute ist der See an verschiedenen Stellen nur noch ein seichtes Gewässer – und das, obwohl 25 Flüsse in den See fließen.
Der See hat mit dem Río Desaguadero nur einen Abfluss.
Das übrige Wasser verdunstet.

Bei unserer Ankunft auf den schwimmenden Inseln werden wir von den Urus mit „Kamisaraki!" begrüßt, was „Guten Morgen" und gleichzeitig „Gute Nacht" bedeutet.

Die Landwirtschaft am See kämpft nicht nur mit der verringerten Wassermenge, sondern auch mit zunehmender Verschmutzung.
Der Schilfgürtel um den See wird immer kleiner.
Ursächlich für die Verschmutzung sind etwa 30.000 um den See betriebene Minen, die giftiges Abwasser (z.B. durch Schwermetalle) ungereinigt hineinleiten.

Seltene Tierarten sind betroffen und bedroht, wie zum Beispiel der Titicaca-Taucher.
Ein Vogel, der aufgrund seiner kleinen Flügel flugunfähig ist und sich bei Gefahr auf der Wasseroberfläche in kleinen Tippelschritten fortbewegt.
Dabei schlägt er schnell und heftig mit seinen kurzen Flügeln, kann sich aber nicht mehr in die Luft schwingen.

Hört man den Namen „Titicacasee", klingt er melodisch.

Die Herkunft des Namens „Titicaca", ursprünglich eine Bezeichnung für die Sonneninsel im See, ist vermutlich auf zwei Aymara-Wörter zurückzuführen:

„titi" heißt „große Katze" (z.B. „Puma") und

„kaka" heißt „grau".

Wie mag der Name „Titicacasee" aber bei Kindern klingen?

Jedesmal, wenn mein Enkel Fabian (6 Jahre) mich sieht, bittet er mich, „Ach Opa, sag doch noch einmal Titicaca-See", und lacht.

Auf die Frage, warum er lacht, lacht er wieder.

Was er mit dem für uns vielleicht doppeldeutigen Namen verbindet, weiß ich nicht.

Ein Name, der für ein Kind vielleicht ulkig und illustriert klingen mag.

Von der Idee, mit Booten aus Papyrus schon im Mittelalter die Ozeane überquert und andere Kontinente erreicht zu haben, war der Forscher Thor Heyerdahl (Archäologe, Ethnologe und Zoologe) fest überzeugt.

Er ging der Theorie nach, dass die Menschen auf den Kontinenten sich unabhängig voneinander entwickelt haben. Das glaubte er nicht.

Nachdem er bei seinen Expeditionen „Kon-Tiki", „Ra" und „Ra II" Rückschläge erfahren musste, nutzte Heyerdahl die Ideen und das Wissen der Aymara-Indianer von Titicacasee beim Bau seines neuen Schiffs „Tigris", denn im Titicacasee baut man Schiffe aus Totora-Schilf.

Thor Heyerdahl bewies, dass Meere auch früher keine unüberwindlichen Grenzen waren, um andere Völker und Kulturen zu erreichen.
Eine Theorie, die aber bis heute umstritten ist.

Rückflug in dünner Luft.
Erst nach etwa 3.000 Meter erhebt sich das Flugzeug in die Luft.

Unter uns das Panorama der Bergwelt,
im Hintergrund schneebedeckte Berge.

Die Welt scheint noch gut auszusehen.
Eine Welt, die heute „brennt" – und das hat nicht allein mit Feuer zu tun.

Und heute?

Wer hätte an einen „Corona"-Virus gedacht, der das Leben der Menschheit stark gefährdet?

Gedanken, die fließen ...

Oben: Lamas sind Nutz- und Haustiere
Unten: Seit fast 6.000 Jahren sind Lamas in Peru heimisch

Oben und Unten: Schilfboote auf dem Titicacasee

Oben und Unten: Schwimmende Inseln aus Totora-Schilf

Oben und Unten: Besuch bei den Urus auf den schwimmenden Inseln

Bisher sind (teilweise auch als E-Book) in der Reihe „Vom Nordpol bis zum Südpol" erschienen:

ISBN: 978-3-8334-0587-7

ISBN: 978-3-8334-3161-6

ISBN: 978-3-8334-5431-8

ISBN: 978-3-8370-4804-9

Siggi Sawall

Von Wassersuppe in die Karibik

Reiseerlebnisse eines
Globetrotters

ISBN: 978-3-8391-0082-0

Siggi Sawall

Im Laufschritt
durch Europa

ISBN: 978-3-8423-7633-5

SIGGI SAWALL

50.000 KILOMETER
UNTER
HAMMER UND SICHEL

Kamtschatka

Lena

Transsib

GUS-Staaten

Kaukasus

Armenien

Kiew

Muskau

St. Petersburg

ISBN: 978-3-7322-8359-0

Kreuz und Quer

Hindukusch Afghanistan

Iran
Saudi Arabien
Irak
Verein. Ar. Emirate
Jordanien
Oman
Syrien
Jemen
Libanon
Israel-Palästina

Vorderasien

Siggi Sawall

ISBN: 978-3-7347-5031-1

ISBN: 978-3-7322-4604-5

ISBN: 978-3-7412-4044-7

ISBN: 978-3-7412-6325-5

ISBN: 978-3-7431-1164-6

ISBN: 978-3-7448-0956-6

ISBN: 978-3-7494-2915-8

ISBN. 978-3-7519-0538-1

ISBN: 978-3-7519-5540-9

Außerhalb der Serie erschienene Bücher:

ISBN: 978-3-8391-2488-8

ISBN: 978-3-8448-0450-8

ISBN: 978-3-8482-2421-0

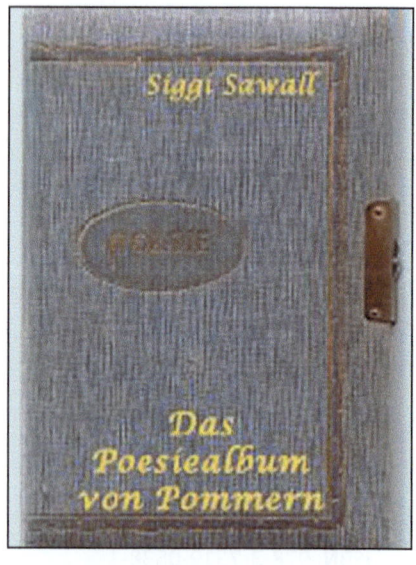

ISBN: 978-3-8482-6727-9